DOUZE
PETITS CHAPITRES

A L'OCCASION
D'UNE NOUVELLE A LA MAIN

qu'on publie imprimée

SOUS CE TITRE :

DÉCLARATION RELATIVE AU PERSONNAGE SE PRÉTENDANT
DUC DE NORMANDIE, FILS DE LOUIS XVI, CONNU SOUS
LE NOM DE NAUNDORFF, RÉSIDANT A LONDRES.

« Nous sommes fort heureux si, dans
« dans cette vie, nous pouvons atteindre
« à la substance de la vérité ; et faire
« des *conjectures raisonnables*, suivant
« les modes et les circonstances, à l'é-
« gard desquels chacun de nous a le droit
« de proposer ses sentimens avec mo-
« destie et soumission. »

THOMAS BURNET,
de la Théorie de la Terre.
(*Theoria sacra Telluris.*)

PAR LE Dr LE CABEL.

⎯ ⚫⚫⚫ ⎯

PARIS,

CARPENTIER, Palais-Royal, Galerie d'Orléans ;
Et dans tous les Cabinets de Lecture.

DISTRIBUTION DES CHAPITRES.

Imprimerie de WORMS, boulevart Pigale, 20 (extra muros.)

CHAPITRE I.

LE REVENANT.

Un homme soulève péniblement une pierre tumulaire immense et que le poids de quarante années semblent fixer irrévocablement au sol. Il sort enfin de ce sépulcre anticipé. Il est presque nu, mourant de faim et de soif, exténué de fatigue, près d'expirer. D'une voix douloureuse il soupire ces mots : « Je suis le fils du roi qui vous a tant aimés, de ce
» martyr que des ennemis du peuple français ont immolé
» en haine des bienfaits dont il le combla et de la liberté
» qu'il assura aux générations futures. Tous les signes
» d'identité avec l'enfant royal que vous avez cru mort sont
» répandus sur moi. » VOYEZ ET EXAMINEZ.....

« Suivez mot à mot mes récits; ils vous feront connaître
» *ce qui n'est écrit nulle part*, mais ce que des témoins,
» du plus haut rang dans l'opinion et l'estime publiques,
» attesteront, *devant la justice*, être la vérité; et ces récits
» complèteront votre conviction sur mon individualité de
» fils de Louis XVI de France et de Marie Antoinette d'Au-
» triche. » *Écoutez* et *jugez*.

« Vous demandez à Dieu des miracles ! Regardez-moi :
» Je suis né le 27 mars 1785, à Versailles, au milieu des

» joies, des pompes et des grandeurs; pendant un demi-siècle
» les angoisses, les tortures, les attentats de toute espèce, le
» feu, le fer, le poison, ont criblé mon corps avec la fureur
» d'une pluie battante..... Et cependant je suis devant vous
» et je vous apparais comme un rayon de soleil qui traverse
» les nuages obscurs d'une épouvantable tempête.

» Soyez en certains, je suis le signe précurseur qui vous
» annonce le calme et le bonheur pour notre commune pa-
» trie; je ne réclame que mon droit de citoyen français, un
» refuge pour mes enfans et le secours des lois contre mes
» persécuteurs. *Observez mes actions, scrutez mes démar-*
» *ches;* de quelque opinion politique, ou religieuse, ou phi-
» losophique que vous soyez, vous reconnaîtrez ma sincérité
» et vous compatirez à mon infortune. »

II

CE QU'ILS EN PENSÈRENT.

D'après cette déclaration formelle, les gens de sens, d'honneur et d'équité se sont dit : Est-ce une illusion? Est-ce un
prestige? Est-ce une vérité? Examinons soigneusement cet
homme : si c'est un *fou,* plaignons-le; si c'est un *imposteur,*
fuyons-le; si c'est le *fils de Louis XVI,* secourons-le.

Dès-lors la commisération prit soin de son existence et les
jurisconsultes, après des *enquêtes,* des *confrontations,* des
recherches sans nombre, furent d'avis que le fils de Louis XVI
avait été rayé mensongèrement et par la fraude, de la liste
des Princes vivans et qu'il existait bien réellement en la
personne désignée sous les noms et qualités de *Charles
Guillaume Naundorff, horloger à Crossen en Prusse.*

III

CE QUI FUT FAIT.

Mais l'opinion des jurisconsultes, si grave et si décisive qu'elle paraisse, a besoin, pour être irrévocablement admise, de la sanction des tribunaux.

Cette pensée judicieuse fut accueillie, et Charles Guillaume Naundorff, docile aux conseils de l'expérience, se présenta modestement *sous ces derniers noms imposés par la politique,* réclama son état civil, et, par une conséquence naturelle, les droits civils qui résulteraient de la reconnaissance *juridique* de ce même état.

Toutes les portes du sanctuaire de la justice lui furent largement ouvertes ; elles lui furent fermées du moment que, délaissant ses premiers guides, il en choisit de nouveaux qui lui persuadèrent qu'il devait être cru sur parole, qu'il était au-dessus des formes consacrées au barreau et qu'il était noble à lui de procéder sous les noms et qualités de Charles Louis, duc de Normandie, malgré le silence de sa propre famille, l'opposition de la politique étrangère, et avant que les tribunaux eussent été mis en état d'instruire et de statuer.

IV

L'ANGE DE TÉNÈBRES.

Quel génie malfaisant, quel ange de ténèbres, d'ignorance ou de perfidie lui inspira l'idée de prendre *lui-même* des noms et des qualités qu'il ne pouvait, dans sa position, tenir que des magistrats, après une discussion contradictoire? Le même sans doute qui lui conseilla de s'adresser aux Chambres pour le reconnaître, tandis qu'il ne pouvait *légalement* obtenir d'elles que la *mise en accusation*, et par suite en jugement du Ministre qui s'était permis d'arrêter le cours de la justice en le faisant *déporter en Angleterre* et de commettre ainsi un attentat à la liberté personnelle d'un individu reconnu *inoffensif* par toutes les Autorités compétentes, au moment surtout où cet individu *inoffensif* réclamait régulièrement la qualité de citoyen français !

C'est le même qui, par des fascinations, le transforma en prophète et lui fit parcourir à grands pas la vaporeuse carrière des visions, des hallucinations et de toutes les obsessions diabolico-magiques.

C'est le même Ange de ténèbres qui, abusant de sa touchante simplicité et de cette disposition à tout croire que le supplice de longues captivités prépare dans une âme pure, en fit un Mahomet *sans sabre*, un Luther *sans éloquence* et un Calvin *sans littérature*.

V

MÉFAITS DE L'ANGE.

L'Ange de ténèbres avait commencé par éloigner les hommes calmes, prudens, réfléchis, mûris par l'âge et la triture des affaires, et les remplaça par des esprits ardens, impétueux et avides de nouveautés ; à la marche régulière adoptée, il y substitua une croisière de *protestations*, de *réclamations* et de *pétitions*, passant, comme des fusées volantes, du Nord au Sud, du Sud au Nord, de l'Ouest à l'Est, de l'Est à l'Ouest, pour tomber à terre sans éclat et

sans gloire. Il retarda très volontairement sa solution judi-
ciaire pour donner à l'action intentée le caractère du doute,
de l'hésitation et de l'intrigue ; par des lenteurs calculées, il
prépara au temps le moyen de faucher à loisir les témoins et
d'éteindre la vive et sainte lumière, qui devait dissiper les
doutes et forcer la conviction en découvrant la vérité toute
fit jouer toutes ses astuces pour répandre à grands flots le
entière. Il ridicule sur la cause de l'infortuné frère de la duchesse d'Angoulême ; et, pour compléter son œuvre infernale ;
il s'attacha à soulever contre lui toutes les communions reli-
gieuses !

Et maintenant, comme si ce n'était pas son propre ou-
vrage, il va criant dans les ateliers et jusque sur les toits :

« Le voyez-vous ce fils dégradé de Louis XVI, il va fer-
» mer vos églises et vos temples ; et vous, Israélites, trem-
» blez ! Il portera, si vous le laissez faire, la hache dans vos
» synagogues. Musulmans, armez-vous ! Il nie l'*immaculée*
» conception de la Vierge, reconnue par votre saint pro-
» phète ?

» La bonté émane de lui comme le parfum s'exhale
» de la rose ; ses mœurs sont patriarchales, sa loyauté ne se
» dément jamais. Qu'importe ? refusez-lui tout secours, tout
» appui ; il ne suffit pas qu'il ait été injustement emprisonné
» en Prusse, exilé en Saxe, déporté de France, il doit devenir
» le banni de la terre entière ! »

« Pourtant, ne le tuez pas ; il n'a pas encore assez souffert ! »

VI

LE DOCTEUR DIT LE NOM DE L'ANGE.

A moi qui vous ai traduit quelques stances de notre ami

Nostradamus, vous demandez quel est cet être épouvantable, ce *cacodémon* qui, pour perdre un seul homme, père de famille et malheureux, a rassemblé toutes les trahisons, toutes les perfidies, tous les prestiges et tous les forfaits?

C'est la *fausse politique*, usurpatrice infâme du nom qui caractérise la *science du bien-être des peuples*, science à laquelle elle est aussi antipathique que la *licence* l'est à la *liberté*.

Son souffle empoisonné enivre, bouleverse, démoralise et dénature complètement ceux qui la suivent entraînés, sans le savoir, par ses séductions.

La déclaration dont je vais parler est la preuve de ma proposition.

Cette *nouvelle à la main*, datée du 20 février 1841, si l'imprimeur Poussielgue ne l'avait pas contresignée typographiquement, cette nouvelle m'eût paru une atroce calomnie contre ses auteurs et ses signataires. MM. Gozzoti, rédacteur-gérant de La Voix d'un Proscrit, le chevalier Alexandre de Cosson, Charles de Cosson, J. B. Laprade, ancien aumônier des dames du Sacré-Cœur, Hugon-Raydor, Laprade, avocat, et H. de Chabron.

VII

LE DOCTEUR EXAMINE.

Parmi les signataires de la *déclaration* se rencontrent de membres apostoliques et romains de l'église catholique, de l'église anglicane et un calviniste. Lisons-la avec soin : contestent-ils l'identité du prétendu Naundorff, dont ils ont tous été longtemps les commensaux et les conseillers, avec le fils de Louis XVI? Non, mais ils lui reprochent de leur avoir dit qu'il était *chargé d'une mission providentielle!*

Pourquoi pas ? les athées seuls, s'il en existe, nient que les hommes soient les instrumens de Dieu sur la terre où chacun de nous a sa mission.

Ils lui reprochent d'avoir *capté* leur confiance et *exploité leur dévoûment* par des *faits merveilleux* et des *révélations surnaturelles*. Qui jamais a incriminé les robustes nourrices et les folâtres petites bonnes qui charment et s'attachent les enfans en leur racontant les *surnaturelles* histoires du Petit Poucet, de Barbe-Bleue et du Chaperon-Rouge ? D'ailleurs un *fait* ne cesse pas d'être un fait parce qu'il est merveilleux.

Le prince leur a conté, *sans rire*, que le paysan de Gallardon, Thomas *Ignace* Martin ressusciterait et lui donnerait la main pour le conduire auprès de la duchesse d'Angoulême, heureuse après tant d'hésitation, de retrouver en lui son frère et d'assister, en personne, à un miracle !

Il a prédit à l'un qu'il démonterait l'abbé Châtel et serait le chef de l'église française, *doublement purgée*; à l'autre qu'il deviendrait maréchal de France ; à celui-ci qu'il aurait les sceaux ; à celui-là qu'un portefeuille de ministre lui irait à merveille ! Quel mal à tout cela ? Mme Le Normand et l'incomparable *Cartomancien* Moreau en ont débité bien d'autres même à l'empereur Napoléon.

Dans un appartement où personne qu'eux-mêmes n'était entré, ils ont entendu une voix qui parlait tantôt à côté, tantôt derrière eux, tantôt au-dessus de leur tête, tantôt au-dessous de leurs pieds, et ils ont jugé que c'était un ange ! Ils ont vu pendant la nuit des têtes de *séraphins* voltiger agréablement dans leurs chambres, des *archanges* allumer le feu et des *dominations* souffler la chandelle ! Ils ont causé avec une Jeanne d'Arc en bois qui leur a très distinctement répondu selon leur convoitise, et ils ont demandé s'il n'y avait pas, dans cet ensemble de merveilles, un évident pronostic d'*évènemens surnaturels* ! et le prince leur a déclaré *sans rire* : 1° « que *ces choses* n'arrivent que pour annoncer » de grands succès ; 2° en calculant sur ses doigts, que, » d'ici à la Saint-Sylvestre 1840 (il parlait en 1837), chacun » d'eux aurait ce qu'il avait en vue en servant sa cause avec » une parfaite humilité et un désintéressement infini.

VIII

INEXPLICABLE CATASTROPHE.

Après quatre années mortelles d'incertitude et d'espérances, d'ennuis et de jubilations, la Saint-Sylvestre 1840 arrive enfin : point de tiare pour le nouveau pape, point de bâton, si ce n'est celui de voyage, point de portefeuille ministériel ! et tous se sont mis à crier à l'*imposture* au lieu de prendre bonne note de la *mystification* et de se faire initier aux piquans mystères de la *ventriloquie*, de la *phantasmagorie* et de la *physique expérimentale*.

IX

SURCROÎT DE MALHEURS.

S'il y a des appétits pour tous les ministères, il n'y a pas de ministères pour tous les appétits. Dans la disette absolue de portefeuilles un amateur demande une mission, le prince l'envoie à Paris, lui promettant de lui adresser ses ordres aussitôt qu'il sera rendu à son poste. L'*ambassadeur* attend longtemps ses dépêches, se lamente de ne pas avoir à mettre en mouvement son ineffable zèle et finit par écrire : *Enfin, pourquoi m'avez-vous envoyé à Paris ?* — *Pour prendre l'air...*, lui est-il répondu, courrier par courrier.

Si ce monsieur est plus courroucé que les autres, il en a bien le droit; car il a été mystifié, *non sur place*, comme ses collègues, mais avec *déplacement*; ce qui coûte, n'est-ce pas?

X

LA COLÈRE FAIT DÉRAISONNER.

De ce qu'un délire fantastique aurait, quoiqu'il eut deux ecclésiastiques auprès de lui, dirigé la plume du prétendu Naundorff dans le livre de la *Doctrine céleste* et dans celui des *révélations sur les erreurs de la Bible*, résulte-t-il qu'il ait supposé les assassinats tentés sur sa personne, le 28 janvier 1834, à Paris, et le 16 novembre 1838, à Camberwel, près de Londres? non, sans doute.

Le premier assassinat n'a pas éteint la victime. Six coups de poignard furent amortis par un médaillon orné du portrait de la Sainte-Vierge et par un rosaire. Pour s'intéresser à l'assassiné fallait-il être *catholique romain?* et parce qu'on est catholique attribuera-t-on à une intervention spéciale et divine l'obstacle tout naturel opposé par la consistance d'une plaque métallique? et si le médaillon, le rosaire et l'avortement de l'homicide prémédité constatent, pour *des imaginations catholiques*, que l'individu frappé est nécessairement le fils retrouvé de Louis XVI, il faut avouer que ces sortes d'*imaginations catholiques* ne sont pas difficiles en matière de *preuves d'identité*. Et cet *ange!* comment avez-vous pu y croire et surtout le souffrir à Londres *insultant la Sainte-Vierge* et *fulminant* contre le *catholicisme*, vous, monsieur l'abbé qui veniez de Rome? D'ailleurs, est-ce qu'à Londres le lord-maire souffre qu'impunément on insulte les dames? à défaut de jeunes gentilshommes anglais qui se seraient empressés de châtier, à coups de cravaches, l'ange irrespectueux pour le beau sexe, si j'en eusse eu le droit comme vous, monsieur l'abbé, j'aurais plutôt converti toute la Tamise en eau bénite que de ne pas exorciser l'infâme!

Et vous, messieurs de la communion anglicane et genevoise, comment avez-vous pu reconnaître un petit-fils de Saint-Louis dans un homme quelconque et précisément parce que cet homme était assisté d'un ange *insultant la Sainte-Vierge* et *fulminant contre le catholicisme*?

XI

DÉSESPOIR ET GOURMANDISE.

Je vois ce qui vous désespère! vous eussiez voulu considérer à plaisir l'ange, et cet ange est comme celui de Martin, que le docteur Récamier, le commandant de gendarmerie d'André, et M. le duc Decaze auraient bien voulu disséquer, menotter, et tout au moins palper. Eh bien! à leur grand regret, ils n'ont pas pu en entrevoir seulement une parcelle, malgré des frais énormes en longues vues, loupes, télescopes et microscopes. Avouez-le : en fait d'anges, vous êtes gourmands en diable; tant pis pour vous, n'en a pas qui veut, à prix d'or même on ne s'en procure plus; vous aurez beau crier, écrire et faire tempête, les véritables anges sont d'un autre pays que le vôtre, messieurs; vous n'en verrez pas plus que dessus ma main.

XII

SERMON DU DOCTEUR LE CABEL.

Permettez-moi, Messieurs, de terminer par un petit bout de morale. Les *Catholiques* devaient employer leur instruction et tous leurs efforts pour empêcher le prétendu Naundorff de tomber d'erreurs en erreurs, d'hérésie en hérésie, jusqu'à abjurer le titre de fils aîné de l'église, le plus beau fleuron de la couronne d'Henri IV et de Louis XIV. Ils devaient lui rappeler que Rome a compté Pie VI parmi ses souverains, et que le fils de Louis XVI, échappé du Temple, a dû la vie à ce saint Pontife. Les chrétiens d'Angleterre et de Genève, usant de la faculté d'examen qui fait la base de leur culte, devaient combattre à outrance tout ce qui leur paraissait fantastique.

Vous deviez tous vous dire :

« Si le prince a des visions, s'il prend ses rêves d'éveillé ou d'endormi pour des révélations divines, s'il a cessé de croire à la justice humaine parce que des hommes méchans l'ont, sans une heure de répit et depuis cinquante ans, tourmenté, calomnié, torturé, en est-il moins pour cela le fils de Louis XVI? Enfin, savons-nous quelle récompense Dieu destine à son héroïque résignation ?

« Suivons, quoiqu'il en advienne, les commandemens du Christ notre chef à tous ; ayons soin de son âme, ayons soin de son corps, éclairons son esprit. ! »

Mais loin de là, vous l'insultez grossièrement et vous voudriez que sur la terre il ne trouvât désormais ni *pain* pour se nourrir, ni *eau* pour étancher sa soif, ni *feu* pour réchauffer ses membres glacé !

Et tout cela, parce que vous n'avez pas vu l'ange ?

En vérité, en vérité je vous le dis, mes très chers frères, en cette circonstance vous manquez et de jugement et de charité.

Je n'en suis pas moins V. F. en J. C.

LE GABEL.

Docteur-ès-sciences occultes.

TEXTE

DE LA

DÉCLARATION.

« Des hommes d'honneur, quand ils ont été séduits par de *fausses apparences* et abusés par de *généreux* sentimens, peuvent propager de bonne foi le mensonge et l'erreur; mais aussitôt qu'ils les ont reconnus, c'est pour eux un impérieux devoir de proclamer qu'ils ont été trompés, et de signaler hautement l'*imposture* pour la mettre dans l'impuissance de faire de nouvelles victimes. Telle est la position pénible des soussignés, qui puisent aujourd'hui dans leur conscience le *douloureux* courage de publier la déclaration suivante:

» Des circonstances *récentes* les ayant mis à même d'approfondir *une foule de faits relatifs* à la MISSION PROVIDENTIELLE dont se dit chargé le personnage sus-désigné, ils ont reconnu que cette MISSION supposée n'est qu'une audacieuse fourberie, que les prétendus *faits merveilleux* et les *révélations surna-*

turelles à l'aide desquels l'auteur de ces impostures est parvenu à *capter* la confiance et à *exploiter* le généreux dévoûment d'un grand nombre de personnes, ne sont que d'effrontés mensonges, d'autant plus abominables que, pour les soutenir, il a abusé, avec une *hypocrisie* consommée, des choses les plus saintes et s'est joué des sermens les plus sacrés.

» *Tous les moyens* ont été employés, toutes les circonstances exploitées pour atteindre le but. Nous ne citerons que les faits suivans :

» On n'a pas oublié les deux assassinats du 28 janvier 1834, à Paris, et du 16 novembre 1838, à Londres, qui, quoique arrivés la nuit et sans témoins, valurent au personnage de si nombreuses et de si vives sympathies. Le *premier* servit à frapper des *imaginations catholiques ;* alors la victime fut sauvée *miraculeusement* par une médaille de la Vierge et un rosaire qui furent brisés et percés de six coups de poignard dirigés sur son cœur. Lors de l'assassinat de Londres, les lieux et les circonstances étaient changés : il y avait un *Ange qui insultait cette même Vierge et fulminait contre le catholicisme.* Cet attentat avait été annoncé prophétiquement par le *Révélateur* peu de jours auparavant et donné comme une preuve de la vérité de sa mission et de la protection toute spéciale de Dieu. Or, pour apprécier la valeur de ce témoignage, il est important de savoir que peu de momens après l'événement le blessé, prétextant une *subite apparition de son ange,* envoyait secrètement son fils aîné sur le lieu de la scène pour y ramasser les pistolets et les faire disparaître. Cette circonstance restée lo gtemps ignorée fut *soigneusement* soustraite aux investigations des magistrats et à la connaissance des *amis* qui l'entouraient. Ce personnage s'écriait alors avec une logique apparente : *On n'assassine pas un imposteur!.....* Nous laissons à d'autres le soin d'apprécier cette conclusion.

» Quant à l'auteur de cette vaste et profonde intrigue, nous ne rechercherons pas ce qui se rapporte à ses mystérieux antécédens et aux prétentions qu'ils poursuit. Qu'il soit le *fils dégradé* de Louis XVI, ou bien un criminel obscur comme l'ont considéré les tribunaux de Prusse, ou bien encore l'agent de quelque parti ténébreux, *peu importe!* dans ces circonstances, il ne nous était plus permis de garder le silence, et nous avons dû faire taire les anciens sentimens de notre cœur pour n'obéir qu'à la voix impérieuse du devoir. »

Suivent les signatures rappellées p. 8.

www.ingramcontent.com/pod-product-compliance
Lightning Source LLC
Chambersburg PA
CBHW061809040426
42447CB00011B/2567